ANTONIO MARCOS PIRES

Mensagens para a Vovó

Prefácio de Agnaldo Timóteo
Apresentação de Nicette Bruno

Direção editorial: Pe. Fábio Evaristo Resende Silva, C.Ss.R.
Editor: Avelino Grassi
Coordenação editorial: Ana Lúcia de Castro Leite
Copidesque: Luana Galvão
Revisão: Ana Lúcia de Castro Leite
Diagramação e capa: Bruno Olivoto

Dados Internacionais de Catalogação na Publicação (CIP)
(Câmara Brasileira do Livro, SP, Brasil)

Pires, Antonio Marcos
  Mensagens para a vovó / Antonio Marcos Pires; prefácio de Agnaldo Timóteo. – Aparecida, SP: Editora Santuário, 2016.

  ISBN 978-85-369-0448-1

  1. Avós – Citações, máximas etc. 2. Mensagens I. Timóteo, Agnaldo. II. Título.

16-04370   CDD-808.882

Índices para catálogo sistemático:
1. Avós: Citações: Coletâneas: Literatura
808.882

A marca FSC® é a garantia de que a madeira utilizada na fabricação do papel deste livro provêm de florestas que foram gerenciadas de maneira ambientalmente correta, socialmente justa e economicamente viável.

2ª impressão

Todos os direitos reservados à EDITORA SANTUÁRIO – 2017

 Rua Pe. Claro Monteiro, 342 – 12570-000 – Aparecida-SP
Tel: 12 3104-2000 – Televendas: 0800 - 16 00 04
www.editorasantuario.com.br
vendas@editorasantuario.com.br

Palavras Iniciais

A presento a vocês, meus queridos leitores, esta obra cheia de afeto e ternura. Dedico este livro a todas as vovós e a seus netos queridos. Em especial a minhas avós, Armênia e Anália, que tanto me ensinaram ao longo da vida a me tornar um ser humano melhor, enfeitando meus dias com amor, sabedoria e experiência de vida.

Mãe duas vezes, elas estão sempre dispostas a dividir seus melhores momentos com os netos e toda a família. Por isso são merecedoras de várias homenagens.

O livro é uma homenagem para quem, um dia, carregou-nos no colo, incentivou-nos, amou-nos e, com muita garra e coragem, ajudou-nos a nos transformar em seres humanos dignos e conscientes. A todas as vovós do mundo meu sincero respeito e um abraço fraterno.

O autor

Prefácio

Mais uma vez estou aqui para escrever sobre um livro do escritor e poeta, Antonio Marcos Pires. Eu, que sempre cantei para as mamães e tenho um grande carinho por todas as mães do mundo, venho agora, de todo o coração, elogiar mais uma obra do querido Antonio Marcos. Tenho um grande respeito por ele, porque ele respeita todas as mulheres e gosta de falar sobre elas. Já escreveu sobre as várias fases das mulheres, já escreveu sobre mãe e agora faz uma bonita homenagem a todas as queridas vovós do mundo. Elas merecem todo o nosso carinho, nossa lembrança e nosso respeito. São as verdadeiras matriarcas da família. São as mães de nossas mães e de nossos pais. Cada texto do livro do Antonio Marcos nos remete a nossa infância e à lembrança de nossas queridas avós, do carinho que elas tiveram e têm conosco, da dedicação, do respeito e da ternura. Eu me emocionei com cada palavra colocada para homenagear as vovós. Parabéns a meu amigo Toninho e à Editora Santuário por mais uma obra cheia de amor e ternura. Eu recomendo.

Agnaldo Timóteo
Cantor

Apresentação

Ser avó é uma experiência divina. Costumam dizer que ser avó é ser mãe com açúcar. E é verdade, porque quando somos mãe, principalmente pela primeira vez, ficamos muito tensas, preocupadas, sem saber direito que rumo tomar para a educação dos filhos. Eu, particularmente, sempre curti muito meus filhos, dei muito carinho.

Acho muito importante a mãe ter contato com o filho, trazê-lo ao contato de seu corpo para receber o amor fantástico que as mães têm como forma de expressão para cada filho. Mas é a avó quem curte melhor, porque não tem aquela responsabilidade de educar as crianças, embora tenha boa parte sim.

Não tenho aquela opinião de que avó estraga o neto, avó deixa o neto fazer o que quer. Não! Temos a missão também de estabelecer limites. A avó curte duas vezes: os filhos e as crianças. Agora, imagina ser bisavó. É o que estou vivendo ultimamente. Feliz das mulheres que entendem e que não se queixam que filho só dá trabalho. Tudo na vida dá trabalho. Mas e o prazer, a satisfação e a realização de ser mãe, avó e bisavó? Eu agradeço todos os dias a Deus esse grande presente. É uma maravilha!

Eu só tenho a agradecer e transmitir às mulheres que curtam essa realização fantástica, a oportunidade de ser mãe, avó, bisavó e de trabalhar para a formação de uma família.

Finalizando, quero transmitir a alegria e a satisfação de ter participado desta obra *"Mensagens para a vovó"*, livro de Antonio Marcos Pires. Fico muito satisfeita em poder dividir com as mulheres que forem ler este livro a felicidade de sermos mães, com a possibilidade de nos tornarmos avós e bisavós. Um abraço carinhoso a todos.

Nicette Bruno
Atriz

1
Vovó, eu a amo!

Vovó, eu a amo!
Amo por seu abraço gostoso, por seu aconchego, pelo carinho e o amor, que sempre teve comigo, e também pelo afeto que transborda de sua alma.

Por seus braços que me protegem, quando estou cansado. Por seu colo, que me deixa mais leve e me faz adormecer e sonhar com coisas boas.

Vovó, eu a amo por seus ensinamentos, que me tornaram uma pessoa do bem. Por sua experiência e seus conselhos, que ajudam a solucionar problemas que eu pensava nunca serem resolvidos.

Por sua ternura, por seu sorriso, que embala meu sono e vela minha vida. Pelas noites acordadas a meu lado, quando eu era criança e você me distraía lendo histórias para mim.

Vovó, eu a amo quando você me faz aquele cafuné gostoso ou aquele jantar especial só para me agradar.

Eu a amo mais do que o brilho das estrelas; eu a amo com a força de um sol de verão, e sempre, em toda a minha vida, vou guardar você em meu coração, aprender com sua força, seguir seu exemplo, viver plenamente, porque você me ensinou que viver vale a pena.

Vovó, eu a amo e agradeço a Deus todos os dias ter uma avó como você, linda por dentro e por fora, farol que guia meu caminho e abençoa meu dia!

2
Casa da vovó

Não existe lugar mais especial, aconchegante e acolhedor do que a casa da vovó.

As casas das avós são mágicas! De um colorido que embriaga a alma de felicidade e enche o ambiente de luz e paz.

Paz, que traz calma, aquece o coração e preenche a vida de oração. Casa de avó é chamego, meiguice e tem um cheiro de manhã com gosto de algodão doce.

Lembra o calor de um abraço, a pureza da infância e a coragem da juventude.

Quem não gosta de lembrar os domingos felizes, passados na casa da vovó? As brincadeiras, risadas, comida boa e aquela preguiça gostosa dos domingos, que nunca deveriam terminar.

Casa de avó é mais do que isso. É abençoada e amparada por Deus. É divina!

Por isso deixa somente rastros de coisas boas, suspiros de amor e descanso em meio a tantas atribulações e correrias do dia a dia.

A casa da vovó não tem tristeza. É só alegria. Melodia para preencher noites vazias e sem vida. Cheia de prosperidade e fartura. Abriga a família inteira. Unindo e reunindo as várias gerações para perpetuar o amor.

Na Casa da vovó tem sempre vários porta-retratos em cima da estante para recordar a todo instante a família inteira sorrindo, feliz e saltitante.

Casa de avó é o porto seguro dos pais, netos, tios, primos e irmãos, embalando eternamente os corações carentes de proteção e da bênção da matriarca da família.

3
Minha vovó é assim...

Minha vovó é um encanto de mulher, ela é linda, charmosa, cheirosa, tem um poder inebriante, capaz de espalhar amor por onde passa. Traz dentro de si uma beleza natural, quase angelical, fazendo minha existência ficar mais bonita, segura e cheia de brilho.

Ela é uma mulher forte, decidida e, ao mesmo tempo, é doce, fortalecida por uma coragem admirável.

Minha vovó nunca está mal-humorada. Esconde a tristeza e passa os dias a cantar e contar histórias de amor para alegrar os corações.

Minha vovó é assim: cheia de compaixão na alma, dedicada à família, aos netos e ama os animais. Não pode ver um cachorrinho abandonado que pega para cuidar. No coração dela cabem todos os sonhos do mundo, as dores, os amores, os dias de tédio, os dias de festa e os dias com a família reunida.

Minha avó tem um sorriso que só falta abraçar o mundo. Alegre. Amiga. Companheira. É como diz na frase: "pau para toda obra". Cabeça jovem. Coração do tamanho do universo. Forte como uma muralha, não faz drama, só ama. Parece daquelas fadinhas mágicas com varinha de condão.

Minha avó é assim, ela é tudo de bom em minha vida. Estar ao lado dela é ter a certeza de afastar os dias ruins, é acreditar que vale a pena viver todos os segundos na terra. Amparado. Protegido. Amado.

4
Aniversário da vovó

O aniversário da vovó é sempre uma festa animada, sinônimo de família reunida, muita conversa, presentes e surpresas agradáveis. Nela não podem faltar os comes e bebes e um bolo recheado gigante para cantar o parabéns.

É a comemoração da vida abençoada pelas mãos de Deus, símbolo da vitória e de várias gerações reunidas.

Os preparativos são feitos com carinho, amor e criatividade; enfeites, bolas coloridas, flores para lembrar a beleza do momento, plenitude para combinar com o sorriso das avós, que são tão lindas!

O aniversário da vovó é um acontecimento que traz felicidade, risadas sinceras, abraços e beijos.

Ela merece a melhor festa. Ela, que nos dá tudo sem nada pedir em troca, que se desdobra para agradar, é a rainha do afeto e nos enche de sonhos.

Ela possui um amor infinito no coração para ser repartido com todos os netos.

Para todas as vovós do mundo, desejamos a melhor festa de aniversário do universo, com gosto de bala, de perfume de alfazema, mel, brigadeiro e carinho por inteiro.

Afinal, o aniversário da vovó é um brinde à união, um brinde ao prazer de se estar reunido com a melhor coisa da vida: a família. Por isso o aniversário da vovó é bom demais, regado de doces, afagos e muitos elogios sinceros.

Uma chuva abençoada de luz a todas as vovós aniversariantes!

5
A alegria de ter uma bisavó

A alegria de ter uma bisavó é doce e especial. Minha bisa é mãe três vezes, ela mima muito mais, afaga-me com mãos vividas e calejadas, mas que ainda têm a firmeza de uma rainha.

Ter uma bisavó é conhecer e participar de várias gerações da família; é poder fazer dengo em dobro; é ouvir histórias, às vezes, por horas, numa tarde chuvosa; é tomar o chá que ela prepara; é conhecer alguns segredos do universo que só as bisas conhecem.

A alegria de ter uma bisavó é poder dar um abraço forte, cheio de calor, e ficar horas ali, naquele aconchego gostoso, sentindo uma alegria imensa invadindo o corpo.

Se as avós são especiais, as bisas são muito mais, têm maior sabedoria, a experiência de aconselhar, além de um grande exemplo de vida, ensinamento, amor, fé, honestidade e trabalho.

Não podemos nos esquecer de que a bisa tem o amor triplicado, a doçura ao cubo e a ternura que nos faz ver o céu. Ela é a mãe das mães, a alegria, o encantamento, o carinho.

Como nos sentimos bem ao estar perto dela!

A presença da bisavó torna o lar mais belo e a vida mais segura. A alegria de conviver com a bisavó nos deixa especiais e seres privilegiados.

A bisavó participa, vivencia e se preocupa com nossos momentos, deixa a vida sempre mais plena e os caminhos mais largos e seguros.

Feliz daquele que teve a oportunidade conhecer e de conviver com sua bisavó!

6
Avó de primeira viagem

A avó de primeira viagem vive as mesmas emoções de quando foi mãe pela primeira vez.

Acompanha o crescimento do feto no ventre da filha ou da nora. É só alegria! Alegria redobrada. Adora fazer planos. Sonha com o rostinho do novo membro da família. Compra roupinhas, ajuda na decoração do quarto.

Escuta o coraçãozinho do neto batendo e se emociona como se estivesse gerando outra criança.

Espera ansiosa a chegada do bebê, acompanha passo a passo e, na maternidade, revive todos os momentos como se fosse ela a dar à luz; experimenta emoção redobrada.

Depois do nascimento, oferece-se para passar noites ao lado do bebê, trocando fraldas, dando banho, cuidando e amando o pequeno ser com orgulho e ternura.

Ser avó de primeira viagem é como ter um encontro com o passado. É relembrar os momentos felizes que irão se repetir com sentimentos renovados.

É amor em dobro. É um presente de Deus para deixar a vida mais completa.

Só as avós sabem o que é sentir a emoção de ver naquele novo ser a continuidade da família.

Ser avó pela primeira vez é voltar à infância. É reaprender a brincar, a dar gargalhadas. É viver em plenitude. Sentir ser outra mulher. Mais madura. Serena. Segura de si.

A avó traz dentro de si a certeza de que a vida continua para sempre.

7
Afeto de avó

Afeto de avó é como manhã com o cantar de passarinho na janela. É música para os ouvidos e satisfação para a alma. É aconchego que chega no dia frio e chuvoso para esquentar e acalentar o coração.

Afeto de avó é amor que sentimos em dobro. Deixa marcas e fortes lembranças com o passar do tempo. É como viver em um mundo de sonhos e fantasias, sem sair do chão.

Afeto de avó chega nos momentos em que mais precisamos, espalhando a alegria e a meiguice.

As avós doam o que existe de melhor dentro delas, de uma forma tão sincera que não tem como não se emocionar e deixar de se sentir protegido.

Afeto de avó levanta o ânimo de qualquer pessoa, é um afeto delicado, cheio de compreensão e entendimento, é pura paixão e é sentimento que pulsa e faz o coração bater mais forte.

Afeto de avó é reconfortante, é nunca se sentir só nem ter medo do mundo, é se sentir principalmente amado, ter horinhas de descanso na ternura e no afeto recebido da avó.

Afinal, quem não quer aquele colinho nas horas difíceis? Aquele doce beijo, em um momento de dúvida, e, principalmente, um cafuné especial ao se deitar no sofá depois de um dia cansativo?

Só as avós são capazes de transmitir tudo isso, por meio das mãos, do corpo e da vida. Só as avós sabem se doar para os netos, sem esperar nada em troca por tamanho afeto.

8
Comidinha da vovó

Não existe coisa mais gostosa do que a comidinha da vovó, com tempero especial, que mistura alegria, segredinhos culinários e a magia de sabores.

Feita com muito amor, zelo e vontade, a comidinha da vovó é para ser saboreada calmamente, para sentir a dedicação contida nela e para comer com prazer.

Não há cheiro melhor que o da comidinha da vovó. Sentimos de longe, perfuma a casa inteira, aumentando a vontade de comer. Tem cheiro de infância, dos tempos em que tudo era brincadeira, festa e prazer.

A comidinha da vovó lembra os dias de domingo quando todos juntos à mesa, depois de uma oração, brindamos o doce convívio familiar, a comida quentinha, farta, saborosa, rica e colorida.

A vovó tem talento na cozinha, ama cozinhar e com prazer faz o almoço a cantarolar e contar historinhas.

É uma alegria imensa ver a vovó preparar quitutes especiais, docinhos para a sobremesa, sem nunca reclamar, pois tudo o que ela gosta é agradar.

Por tudo isso é que a comida da vovó tem um sabor do outro mundo, que acaba matando a fome, satisfazendo o apetite e agradando o coração.

A comidinha da vovó é única, não tem outra igual e dá a maior satisfação!

23

9
As avós não se cansam nunca

Toda avó é incansável na arte de ser avó, por isso merece todo o amor do mundo. Ela está sempre disposta a colaborar. É mãe pela segunda vez. Tem a experiência da maternidade. Leva os netos para a escola, faz o almoço, para ajudar os filhos a criarem seus filhos.

Ser avó é uma arte. Arte de quem entende de gente, de humanidade, de calor humano. É ter sempre um sorriso acolhedor, que une, ampara e acolhe, com sabedoria, magia e garantia de dias felizes.

As avós são incansáveis nos momentos difíceis, sempre dispostas a dar uma palavra amiga, um conselho sereno para acalmar o coração. E, o melhor de tudo, não pedem retribuição. Dão pelo prazer de doar. Amam pelo prazer de amar. E, por isso, são especialistas na arte de semear amor.

As avós não se cansam nunca de mimar os netos com gentilezas, pequenas surpresas, passeios no parque, cineminhas com pipoca, docinhos com gosto de ternura, cafunés fora de hora e ensinamentos preciosos.

As avós são especialistas em afeto; elas têm sempre uma hora, mesmo em dia atribulado, para participar das travessuras dos netos ou ouvir com atenção as angústias que alguns levam no peito.

Por isso as avós sempre são especiais, merecedoras de todo o amor dos netos e do respeito de toda a família.

10
A sabedoria das avós

Ser avó é ter um dom especial para conquistar os netos com carinho, amor e com a sabedoria que vem do fundo do coração.

Avó é aquela que cuida com zelo e, mesmo não morando na mesma casa, de uma forma ou de outra, está sempre presente na

vida do neto, consolando com o sorriso, aconselhando durante uma conversa pelo telefone ou deixando um recado carinhoso por meio das redes sociais.

O importante é que a avó acompanha de perto o crescimento do neto. Gosta de mimar, presentear, dizer para as amigas que o netinho fez um desenho para ela na escola.

Avó é coruja toda a vida. Mais que a mãe.

Afinal, o neto é um pedaço de um pedaço dela. É a continuação da família, da vida que se prolonga em outro ser, é o símbolo da continuação, motivo de orgulho.

Por isso Deus lhe reservou uma sabedoria especial na maneira de falar, no jeito de olhar, de dar conselhos, de preparar o neto para enfrentar a vida com maturidade e amor.

Amor de avó é paciente, e só a sabedoria é capaz de ser paciente, terna e inteligente.

Inteligente o suficiente para unir a família, perpetuar os vínculos e apertar os laços eternos de amor e sabedoria que só as avós são capazes de espalhar pelo mundo, iluminando o universo.

11
Receita da vovó

Para dar amor aos netos de um jeito especial, todas as vovós têm uma receita única:
Uma pitada de amor.
Uma colher de ternura.
Uma dose de paciência.
Uma xícara de afeto.
Um copo de carinho.
Uma caneca de beijinho.

Misture a colher de ternura com a xícara de afeto e coloque em fogo brando. Depois de dois minutos, acrescente o copo de carinho, com uma dose de paciência e mexa mais um pouco, até ficar bem consistente.

Em seguida é só adicionar a caneca de beijinho. Mexa só uma vez. Retire a receita do fogo e em seguida, para complementar o doce especial, jogue por cima a pitada de amor.

Depois é só se lambuzar e ser feliz com a receita da vovó.

12
Saudade da vovó

Saudade da vovó, daquele abraço quente e gostoso, que me aconchegava e acalmava quando eu era criança. Saudade daquele beijo cheio de ternura, que enfeitava minhas tardes e coloria minha alma, quando alguma coisa não dava certo e eu ficava triste.

Ela tinha sempre um conselho para me acalmar, um sorriso para me ninar, um olhar de encanto e sabedoria.

Amável como ela só.

Saudade da experiência da vovó, que tanto ensinou sobre a vida, sobre o mundo, sobre o ser humano.

Ela que me ensinou a conversar com Deus de uma forma especial, abrindo-me os caminhos da fé e do amor ao próximo.

Saudade da vovó, que brincava comigo, virava criança, sentada no chão, durante horas, e me ajudava a passar o tempo de maneira prazerosa.

Saudade dos fins de tarde, quando ela ia para a cozinha e preparava meu bolo preferido, depois o servia para mim com um cafezinho.

Saudade da vovó, que acompanhava meus deveres de casa e tinha muita paciência quando eu não entendia a lição.

Era tanto carinho, tanta cumplicidade, tanto sonho... Coisa entre avó e neto.

Sempre me cercando de atenção, compreensão e de muita ternura pura, para afastar qualquer amargura.

Agora, minha queria vovó não está mais a meu lado, está nos braços de Deus. Mas guardo todas as lembranças com muito amor, que me dão saudade e preenchem minha vida.

13
Minha avó

Minha avó é uma doce mulher amável. Adorável. Linda. Mulher de fibra, lutadora e determinada, é a matriarca da família e, às vezes, parece ter mais de dois braços para abrigar todos os entes queridos.

Paciente, meiga e serena, minha avó pode passar horas dando conselhos e sem se cansar.

Parece que Deus fez minha avó para ser realmente especial. Ela está sempre otimista e tem o coração cheio de esperança.

De sua boca, saem palavras de incentivo, coragem e bondade. Nunca está mal-humorada.

Estar ao lado dela é estar alegre e confiante.

Minha avó é uma criatura de fibra e de fé. Não há obstáculo que possa derrubá-la. Ela é cercada de luz, e seu sorriso ilumina meu dia. Tem as mãos calorosas e um olhar que fala de coisas boas, de vitórias e amor.

Minha avó é puro afeto. Não guarda rancor e sempre tem bons conselhos para dar.

Ela me ensinou a perdoar a alguém quando me sentir aborrecido. Ela diz que não vale a pena guardar mágoas e que a pessoa feliz é aquela que tem o coração leve e pronto para aceitar o outro como ele é.

Minha avó me mostrou a importância de respeitar o próximo.

Ela é uma mulher madura e honesta. Sua experiência me deu o suporte para me tornar cada dia mais um ser humano melhor.

Por isso eu sempre digo: minha avó é a luz que Deus colocou em meu caminho.

14
Amor de avó

Vovó, vó, vozinha! Seja como for o jeito que você a trata e a chama, uma coisa é certa: ela sempre está por perto e sempre tem uma palavra doce para lhe oferecer e um afago gostoso para lhe fazer.

Algumas caminham mais lentamente, outras mais rapidamente... Há aquelas que trazem os cabelos todos branquinhos, outras nem tanto: ainda são grisalhas.

Há também aquelas que trazem no rosto as marcas dos anos, da vivência, umas mais, outras menos.

Mas há uma certeza: seja como for, com mais ou menos rugas, todas trazem muita experiência de vida.

E o coração? Ah! Esse não tem idade que desgaste! Amor de avó é um campo sem-fim, é um céu infinito, uma alegria intensa.

Quando avó e neto se juntam e se misturam, o mundo todo ao redor parece parar, e para mesmo, só para admirar a beleza de uma troca de sorrisos e de afeto.

15
A avó e a família

A avó é o anjo sem asas no seio familiar. Costuma-se dizer que a avó é a mãe com mel. Na verdade ela é a superprotetora. Alicerce.

Funciona como o porto seguro. Protege os filhos. Genros. Noras. É sogra. Mãe. Consola, quando é preciso.

Ajuda a criar os netos, levando-os para o colégio e orientando nos deveres escolares.

A avó é mais terna. Doce. Paciente. Tolerante. Qual avó não é coruja e orgulhosa dos netinhos, que crescem e viram pessoas inteligentes e felizes?

Ela já criou os filhos. Portanto tem todo o direito de distribuir o afeto para os netinhos queridos.

É ela quem promove o convívio da família, fortalece os laços afetivos no lar e une todos em torno de um só objetivo: o amor.

16
Todas as avós são fofas

Avós são fofas! Encantadoras! Ternas e queridas! Possuem uma carinha bem fofinha, lábios cheios de mel e mãos recheadas de amor!

Elas têm um olhar fraterno, de querer bem, com gosto de quero mais e de felicidade antecipada.

Todas as avós são fofas! Cheirosas! Amorosas! Eternamente graciosas! Com colinho macio, para dar ao neto um amor bem morninho!

Avós têm gosto de creme com morangos. Lanche da tarde com café e pão de queijo. Avó rima com beijo. É luz que sustenta os passos da família e abriga o sorriso dos netos.

Avó é infinito céu aberto, cheio de estrelas. Noite de tranquilidade com a presença de anjos espalhando brilho e fazendo festa no céu.

Avó é especial. Doce criatura, que embala os sonhos do neto. Jardineiras da ternura fazem o jardim ficar mais florido, cheio de encanto e contentamento.

Todas as avós são fofas. Lembram algodão doce, pôr do sol, manhãs ensolaradas e vibrantes. Moram eternamente no coração dos netos, fazendo a vida ficar com mais brilho e cor.

17
Avó é doce como o mel

Ter avó é uma delícia, surpresa boa. Presente bom da vida. Porque avó é puro encanto.
Doces como o mel, as vovós têm abraço gostoso e especial.
Colo macio e quentinho, acolhem com proteção e chamego.

Avó é um mimo só. Geralmente, chamada de "segunda mãe", ajuda a guiar os netos para o caminho do bem, com conselhos, atenção e generoso coração.

Avó é pura delicadeza. Sinônimo de rara beleza. Experiência de vida que Deus colocou no caminho para guiar os netos e dar exemplos de como viver bem e com amor.

Sempre com muito afeto e ternura, as vovós são estrelas, que brilham na imensidão de um céu azul.

Adoram contar histórias, ajudando na educação, cuidando com determinação e estendendo a mão com vontade de ajudar nos momento de adversidades.

Avó transmite sabor de vida, avó é pura sabedoria, conselheira e verdadeira companheira a iluminar nossa estrada, com um amor maduro, que dá confiança e sempre muita segurança.

18
Avó de coração (avó adotiva)

A vó de coração não tem o mesmo sangue, mesmo assim, ela é sinônimo de amor, ternura, carinho e compreensão. Enriquece a vida com devoção e grande amizade. Está presente na criação do neto, dividindo experiência e deixando um rastro de perfume pela estrada.

As ligações de afeto, que se formam pelos caminhos do coração, são laços eternos que, ao logo do tempo, tornam-se indestrutíveis. Pois se formam pelo aconchego dos olhares, pelo toque das mãos e pela união de almas.

A avó de coração é avó regada a doses fortes de bons sentimentos, construindo pontes e derrubando muros, encantando a vida e alegrando os dias embaçados pela tristeza. É cafuné gostoso. Abraço apertado. Palavra cheia de esperança. Pura confiança.

A avó de coração é exemplo de união. Eterna chama que alimenta a alma, dando mais confiança para a vida. Não existe diferença entre a avó de coração e a avó de sangue. As duas amam com doçura, sentem a mesma felicidade, têm a capacidade de doar de forma intensa o amor que fortalece e permanece por toda a eternidade.

Avó, seja de que forma for, será sempre mãe duas vezes.

19
Conversando com a vovó

Minha doce vovó, é tão bom ouvir sua voz cheia de carinho, chamando pelo meu nome. Ela me acalma, e, logo, vêm a minha mente minha infância e os dias felizes, que passamos juntos. As brincadeiras na varanda. Os longos cafunés que me ajudavam a dormir. O leitinho morno com biscoitos que a senhora trazia quando eu acordava. Os passeios no parque. O banho de mangueira. São recordações, que me acalmam e trazem para minha vida dias de paz.

Crescer a seu lado me tornou uma pessoa saudável e amorosa, capaz de tratar o outro com respeito e compaixão. Seus ensinamentos sempre foram preciosos em minha vida. Seus exemplos me fizeram acreditar que, quando faço o bem, recebo o bem de volta. E assim tem sido em minha vida.

Sinto muito orgulho de tê-la como minha avó. Agradeço a Deus toda noite a oportunidade de conviver com uma mulher tão corajosa e ao mesmo tempo tão doce e terna como a senhora.

Como é bom sentir sua presença, seu cheiro. Como é bom conviver e aprender um pouco mais sobre a vida a seu lado. Suas lições me tornam todos os dias cada vez melhor.

Ter avó é a melhor coisa do mundo. Ter uma avó como a senhora é certeza de felicidade eterna. Amo a senhora, vovó.

20
Fim de tarde com a vovó

Fim de tarde com a vovó é um programa para ser feito todos os dias. É inesquecível, rejuvenesce o coração e dá alívio ao corpo. Deixa a cabeça mais leve e afasta o mau humor.

Encontro com a avó lembra aquele bolo de milho gostoso com café quentinho em um fim de tarde, feito para dar energia no dia seguinte.

Fim de tarde com a vovó não tem preço. Aquelas conversas intermináveis cheias de compreensão. Conselhos. Palavras sábias. Nada se compara ao sorriso amável das vovós, sempre dispostas a unir, conciliar e amar sem cobranças.

Um fim de tarde com a vovó revigora antes do jantar e prepara para o sono reparador da noite. Fim de tarde com a vovó é sinal de felicidade dupla. É um momento de esquecimento dos problemas para viver toda a emoção do afeto, da confiança e do amor.

Não tem nada melhor do que estar ao lado de alguém em quem confiamos, quando o dia se despede e a noite chega. É a fórmula da felicidade. Felicidade tão procurada por todas as pessoas e ela é tão simples, tão delicada, que muitos não conseguem enxergar. Ela está ali, bem pertinho, no fim de tarde com a vovó.

21
A juventude da vovó

A juventude da vovó é contagiante. O tempo passa, a experiência aumenta, mas o coração jovem persiste e insiste em ultrapassar os longos períodos de luta, com firmeza e atitude.

O espírito de uma avó nunca envelhece, ele está sempre pronto para topar os desafios do caminho. Adora conversar. Dançar. Dá bom dia para todo mundo e espalha felicidade.

Todas as vovós são otimistas por natureza e não se deixam intimidar com os problemas que aparecem ao longo da estrada. Não se contaminam com o pessimismo e, por isso, elas mantêm a aparência jovial, cheia de graça e carisma.

Seus olhos transmitem rara beleza, da boca saem gotas de paz e do rosto o brilho que o tempo não apagou.

A juventude da vovó é verdadeira, vem da natureza e do infinito amor que nutre por cada neto. Amor capaz de proteger nos dias de tempestade. Ou nos intensos vendavais da vida. Amor que dá frutos. Amor que rejuvenesce as células, o corpo e os poros.

Amor é o segredo da eterna juventude da vovó. Por isso é uma juventude que vem de dentro. Especial. Cheia de arte. Insubstituível. Própria da avó que dedica parte da vida a fazer a família feliz.

E quem faz o outro feliz acaba ganhando o presente da eterna juventude!

22
Vovó é mãe com açúcar

Vovó é mãe com açúcar. É mãe duas vezes. É carinho em dobro. Ternura triplicada e amor somado. Vovó é aquele açúcar no fundo do copo que dá gosto à bebida, aumenta a resistência e lambuza de satisfação.

Vovó é mãe com açúcar, com gosto de doce de leite. Ela mima, presenteia, é paciente e faz questão de virar criança novamente só

para fazer o neto feliz. Vovó se desdobra para agradar. Faz o almoço. Leva para a escola. Dá conselho. É a fada madrinha sempre a nos guiar. E, claro, tem sempre um presentinho para dar. Ainda que seja uma flor ou uma pequena lembrança.

 Vovó é múltipla na arte de amar. Nunca diz não, pois, como tem o afeto doce igual ao açúcar, prefere adoçar a vida. Mulher de vontade, guerreira e matriarca da família, é um doce em meio ao amargo da vida, para encher de pequenas docilidades e gentilezas o convívio familiar.

 Vovó é mãe com açúcar, aquela mãezinha fofa, que dá vontade de acarinhar e beijar para o amor florescer cada dia mais belo.

 E, assim, fazer o açúcar da vida virar caramelo para a gente comer de colher na panela, enquanto comemora a felicidade de poder aproveitar os bons momentos da vida com a presença da avó ao lado.

23
Querida vovó

Minha querida vovó, hoje estou com a alma em paz e o coração cheio de muita alegria e felicidade! Depois da conversa que nós tivemos ontem, tudo se esclareceu em minha mente. Aqueles problemas, que eu pensava serem tão grandes, diminuíram diante de suas palavras e de seus conselhos tão sábios e equilibrados.

Querida vovó, a senhora sempre será meu elo com o melhor que existe no mundo. Com a senhora aprendi a dar valor aos bons momentos da vida. As oportunidades hoje são bem maiores, não desperdiço mais meu tempo de lamento com as coisas que não deram certo. Sigo em frente como a senhora me ensinou e consigo, com perseverança e luta, conquistar as vitórias que estão destinadas para mim.

Querida vovó, como é importante sentir suas mãos suaves, seu carinho e sua atenção comigo. Sempre disponível para me encorajar, mostrando que o caminho quem faz sou eu. Temos uma afinidade espiritual grande, um companheirismo explicado apenas pelas forças da natureza.

E nada, vó querida, nada é capaz de nos separar, nem a distância, nem a morte. Pois o que nasce na sinceridade do coração é eterno.

24
Histórias da vovó

Amo sentar em um sofá para escutar as histórias da vovó. Elas fazem com que eu me sinta tão bem. Viajo mentalmente para lugares por onde nunca andei. Viajo para campos floridos, com árvores frutíferas, lugares cheios de paz e harmonia. Adoro ouvir a voz mansa e suave de minha avó falando sobre seu

passado. Contando história de quando ela era moça, do casamento com meu querido avô, da chegada ao mundo de minha mãe e de como ela ficou feliz, de meu nascimento, da primeira vez que ela me pegou no colo e me colocou para dormir. São horas inesquecíveis e que passam rapidamente, revigorando minha alma e trazendo muita felicidade e serenidade para meu coração.

As histórias da vovó sempre me animam e me fazem refletir. Elas me fazem pensar que a união da família é o bem mais precioso que tenho. Se pudesse e tempo tivesse, eu passaria os dias escutando as histórias que ela tem para me contar. São tão singelas, nobres; histórias de superação, de otimismo. Nunca me canso. Escutar os mais velhos e dar atenção aos idosos com carinho é um ato de amor e nobreza. Uma lição para a vida inteira. Acúmulo de conhecimento.

Por isso as histórias da vovó são minhas preferidas.

25
Ensinamentos da vovó

Os ensinamentos da vovó me ajudaram a lutar pela minha vida com otimismo e persistência. Aprendi com minha avó a arte da paciência, a acreditar que um dia ruim não durará para sempre. E que o dia seguinte pode ser bom e melhor. Basta eu desejar com toda a força do pensamento.

Os ensinamentos da vovó me fizeram acreditar que, quando quero uma coisa, preciso lutar por ela. Não com desespero, mas, sim, com firmeza e honestidade. Além, disso, minha avó me ensinou que viver é para os fortes, mas que essa força precisa vir de dentro de mim. Existe um mundo interior cheio de possibilidades e devo usá-lo em meu benefício e em benefício do próximo.

Os ensinamentos da vovó me deram humildade suficiente para parar e ouvir atentamente o que o outro tem a dizer. E, assim, tornando-me um ouvinte capaz de realmente escutar o outro com boa vontade, aprendi a ponderar, a dialogar e a respeitar a opinião dos familiares, amigos e colegas. Amadureci com a troca de conhecimentos. E minha maior conselheira foi minha avó, com suas conversas e seus preciosos ensinamentos.

26
Bendita avó

Bem notei, naquela noitinha, seu jeito dengoso, fingindo "brabinha"...
Eu me encanto com minha avozinha, meiguice e sorriso por toda essa casa e até na vizinha...

Nas mãos muito longas, segurando as agulhas e o novelo fazendo tricô, o pensamento centrado, só pensa em uma coisa: no amor da netinha, mas também do vovô.

Deus a guarde, sempre bonita, de brinco e de salto e de laço de fita...
Inveja tenho dessa velhinha, exemplo de amor e de dedicação,
mas é muito sapeca e assanhadinha.

Toda penteada, de bolsa dourada, lá no mercado comprando seu pão, armou um barraco com a moça do caixa, falando bem alto, o que não é nada bom.

A moça do caixa, elegante e boazinha, compreendeu seu gesto um tanto infantil, deixou do mesmo tamanho, ignorando o pecado, fingiu que não ouviu.

Vó querida, sempre amada, colinho quentinho a me esperar,
recanto amoroso e doçura sem-fim,
não existe no mundo outro colo tão lindo,
tão lindo assim...

Ó quem me dera que a vida parasse e ficasse para sempre quietinha no mesmo lugar, esta joia preciosa eu jamais perderia nem esse aconchego, que é encanto, que é luz e beleza e que é Deus a cantar!

Ruthe Rocha Pombo
Escritora

Depoimentos

"Se ter uma mãe é bom demais, imaginem ter duas mães? Sim, porque a avó é mãe duas vezes. Dizem que avó estraga o neto, porque faz todas as vontades. Digo que isso não é verdade, avó não estraga, avó molda, dá carinho, ensina e ama. Que presente de Deus!

Como é lindo ser avó. Ela gerou filhos para que estes filhos gerassem outras vidas. A vovó, que ficou noites acordada com os filhos, agora, mesmo com a idade avançada, continua ficando noites acordada com os netos.

Este livro traz mensagens que retratam um pouco de tudo que a vovó representa em nossa vida. Parabéns a meu amigo Antonio Marcos Pires, que teve a sensibilidade para homenagear as queridíssimas, amadíssimas e experientes vovós. Meu respeito e a sua bênção, vovó!"

Milton Gonçalves
Ator

"Ser avó não é envelhecer, ser avó é voltar aos tempos de juventude para compartilhar com os netos tudo que viveu com os filhos. Como avó posso garantir que não existe maior bênção que passar o dia brincando, ensinando e preparando guloseimas para meu neto. O que é melhor nisso tudo é que, no fim do dia, não sinto cansaço, sinto sim uma enorme gratidão por Deus ter me dado a oportunidade de ser mais feliz ao lado do meu neto. Que Deus abençoe todas as vovós!"

Juçara Carioca (Juju)
Radialista

"Este livro é uma justa homenagem para todas as avós do mundo. E principalmente para sua avó.
Aqui você vai ler sobre a família, amor, afeto e fraternidade.
Você vai se identificar com o texto 'Minha avó é assim'.
Vai sorrir quando ler 'Comidinha da vovó', afinal, toda comidinha de avó é especial, não é mesmo?
Vai se emocionar com a leitura cheia de ternura em 'Saudade da vovó'. Vai morrer de vontade de correr para os braços de sua avó ao ler o texto 'Vovó eu a amo'.
São vários relatos, mensagens e declarações. Tudo para homenagear as avós.
E mais: uma receita especial da vovó.
E aí? O que você está esperando para virar a página e apreciar este livro publicado pela Editora Santuário e ler as belíssimas mensagens escritas pelo nosso querido Antonio Marcos Pires?"

Roberto Canazio
Radialista

61

"Você tem nas mãos mais um livro da Editora Santuário com lindas mensagens de nosso querido Antonio Marcos Pires. Falar deste autor é lembrar as obras escritas por ele, como: **Mensagem para as Mães** (livro), **Mensagens de Natal** (livro e cd), **Mensagens Positivas** (livro e cd) e agora, esse inspirado autor, excelente filho e chefe de família, depois de homenagear as mães, faz uma homenagem maior a todas as mulheres e mães: as avós que são mães duplamente.

Com a sensibilidade, que lhe é característica, o autor homenageia as grandes matriarcas da família: as avós.

Dizer que avó é mãe duas vezes, é mãe com açúcar, é repetir o que muitos já disseram. O autor, de coração aberto, em suas mensagens, coloca-se como neto amantíssimo que é e fala da protetora da família com conhecimento, amor e gratidão. O mesmo amor e gratidão que você, leitor(a), ao ler estas mensagens entenderá não apenas o significado, mas o real valor humano de também dizer, como disse o autor: "Obrigado, Senhor, por ter me dado a alegria de ter, de conhecer e conviver com minhas avós – Anália e Armênia". Boa leitura!"

Antônio Carlos
Radialista

Mensagem final do autor

A avó é a expressão máxima do carinho humano. O cuidado de uma avó com seus netos é sempre muito especial. Ser avó é ser mãe, com o reforço da experiência. É o coração pulsando o sentimento maternal e ainda repleto da real consciência da vida. No amparo de nossa avó, reside toda a beleza de um ciclo de vida já maduro, e, portanto, seu semblante reflete a luz, que ilumina o caminho de uma nova geração. A avó é a luz do bem, da dignidade humana e da serenidade plena.

Índice

Palavras iniciais | 3
Prefácio – Agnaldo Timóteo | 5
Apresentação – Nicette Bruno | 6

1. Vovó, eu a amo | 8
2. Casa da vovó | 10
3. Minha vovó é assim... | 12
4. Aniversário da vovó | 14
5. A alegria de ter uma bisavó | 16
6. Avó de primeira viagem | 18
7. Afeto de avó | 20
8. Comidinha da vovó | 22
9. As avós não se cansam nunca | 24
10. A sabedoria das avós | 26
11. Receita da vovó | 29
12. Saudade da vovó | 30
13. Minha avó | 32
14. Amor de avó | 35
15. A avó e a família | 37

16. Todas as avós são fofas | 38
17. Avó é doce como o mel | 40
18. Avó de coração (avó adotiva) | 42
19. Conversando com a vovó | 44
20. Fim de tarde com a vovó | 46
21. A juventude da vovó | 48
22. Vovó é mãe com açúcar | 50
23. Querida vovó | 52
24. Histórias da vovó | 54
25. Ensinamentos da vovó | 56
26. Bendita avó – Ruthe Rocha Pombo | 58

Depoimentos | 60
Milton Gonçalves, ator | 60
Juçara Carioca (Juju), radialista | 61
Roberto Canazio, radialista | 61
Antônio Carlos, radialista | 62

Mensagem final do autor | 63